Tessloffs  erstes Buch der

Seeräuber

Barnaby Harward

Tessloff Verlag

Inhalt

Für Kingfisher Publications Plc
von Picthall & Gunzi Limited

Autor und Redakteur: Barnaby Harward
Designer: Dominic Zwemmer
Chefredakteur: Lauren Robertson
Berater: Richard Platt

Illustratoren: Angus McBride,
John Batchelor, Richard Draper,
Peter Dennis (Linda Rogers Associates),
Christian Hook, Francesca D'Ottavi,
Shirley Tourret

Übersetzung: Sabine Goehrmann

ISBN 3-7886-0923-0

Was sind Seeräuber?

Seeräuber überfallen Schiffe auf hoher See und rauben sie aus. Wir nennen diese skrupellosen Diebe und grausamen Mörder auch Piraten. Schon vor rund 2700 Jahren jagten griechische Seeräuber im Mittelmeer wehrlose Handelsschiffe. Vor rund 1000 Jahren bedrohten Seeräuber aus Skandinavien, die Wikinger, ganz Nordeuropa. Die berühmtesten Piraten aber lebten im 17. und 18. Jahrhundert.

Korsaren

Im 16. Jahrhundert plünderten Piraten aus Nordafrika Schiffe im Mittelmeer. Die Sklaven, die ihre Schiffe rudern mussten, wurden mit Peitschenhieben angetrieben.

Cäsar in Piratenhand

Um 75 v. Chr., als Julius Cäsar noch nicht römischer Kaiser war, wurde er von Piraten aus der Türkei gefangen genommen. Sie hielten ihn als Geisel fest, bis die Römer ein hohes Lösegeld für ihn zahlten.

Freibeuter

François le Clerc war ein französischer Freibeuter des 16. Jahrhunderts. Freibeuter waren Piraten, die im Auftrag ihrer Regierung feindliche Schiffe ausraubten, wenn ihr Land sich im Krieg befand. Le Clerc hatte im Kampf ein Bein verloren und trug den Spitznamen „Holzbein“.

Bukanier

Bukanier waren Seeräuber, die auf der karibischen Insel Hispaniola lebten. Im 17. Jahrhundert überfielen sie spanische Schiffe, die mit Schätzen beladen von Südamerika nach Spanien zurücksegelten. Später besetzten die Bukanier noch weitere karibische Inseln und tauchten dann auch in anderen Weltmeeren auf.

Bukanier auf der Insel Hispaniola

Auf hoher See

Im 18. Jahrhundert segelten Seeräuber auf der Suche nach Beute um die halbe Welt. Oft legten sie auf ihren jahrelangen Fahrten mehr als 40 000 km zurück. Zum Vorwärtskommen waren ihre Segelschiffe auf Wind und Strömungen angewiesen. Um sich mit Nahrung und Wasser zu versorgen, mussten die Piraten Land anlaufen.

Die Piratenrunde

Von 1690 an gingen Piraten oft auf die „Piratenrunde". Von Nordamerika oder der Karibik aus segelten sie nach Afrika, um das Kap nach Madagaskar, weiter ins Arabische Meer und kehrten auf derselben Route zurück. Schiffe, die ihnen, begegneten, wurden ausgeraubt.

Die Piraten-runde

Ein Piratenschiff

Piraten hatten Schiffe, die klein und wendig waren. Oft stahlen sie die Schiffe und bauten sie manchmal um, damit sie schneller waren oder mehr Geschütze tragen konnten. Kleine Schiffe hatten den Vorteil, dass sie auch in Flüsse und Buchten hineinfahren und sich dort verstecken konnten. Jeder Pirat musste wissen, wie man Segel repariert und das Schiff wasserdicht hält.

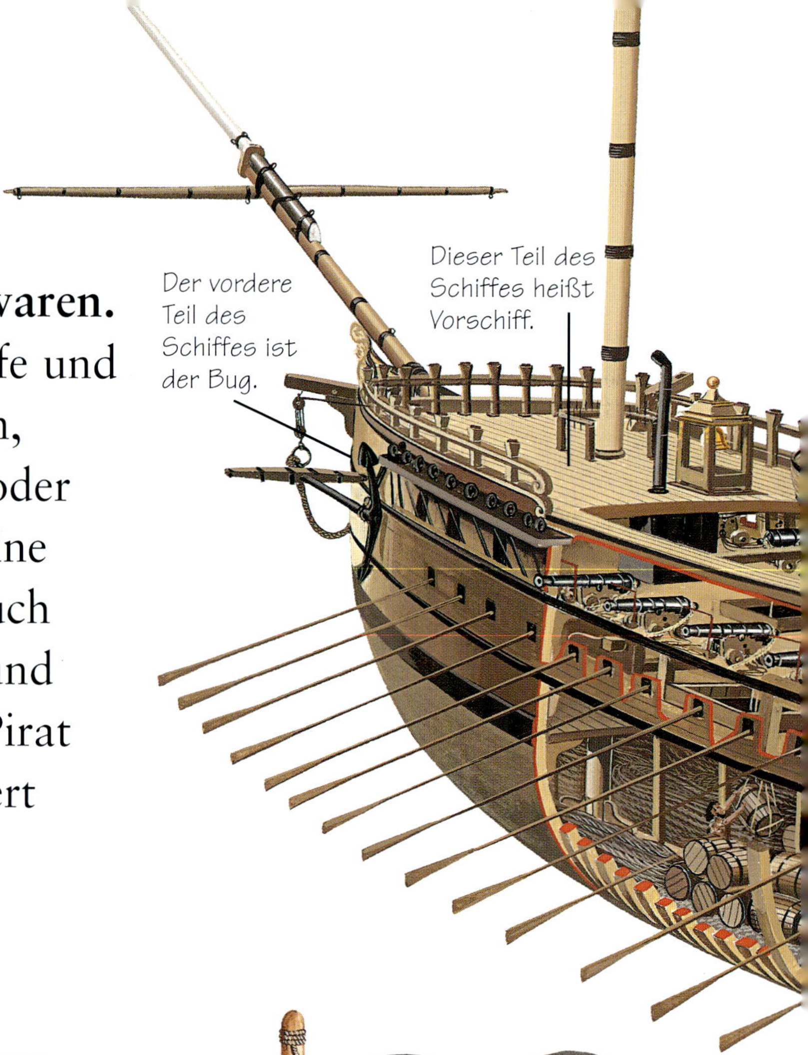

Bartholomew Roberts

Christopher Moody

Schwarzbart („Blackbeard")

Henry Avery

John Rackham („Calico Jack")

Thomas Tew

Die *Adventure Galley*

Das Schiff des Kapitäns William Kidd hieß *Adventure Galley*. Es wurde 1695 gebaut, und schon ein Jahr später ging Kidd damit auf Fahrt in den Indischen Ozean. Auf Madagaskar musste er sein Schiff aufgeben, weil es mehrere Lecks hatte.

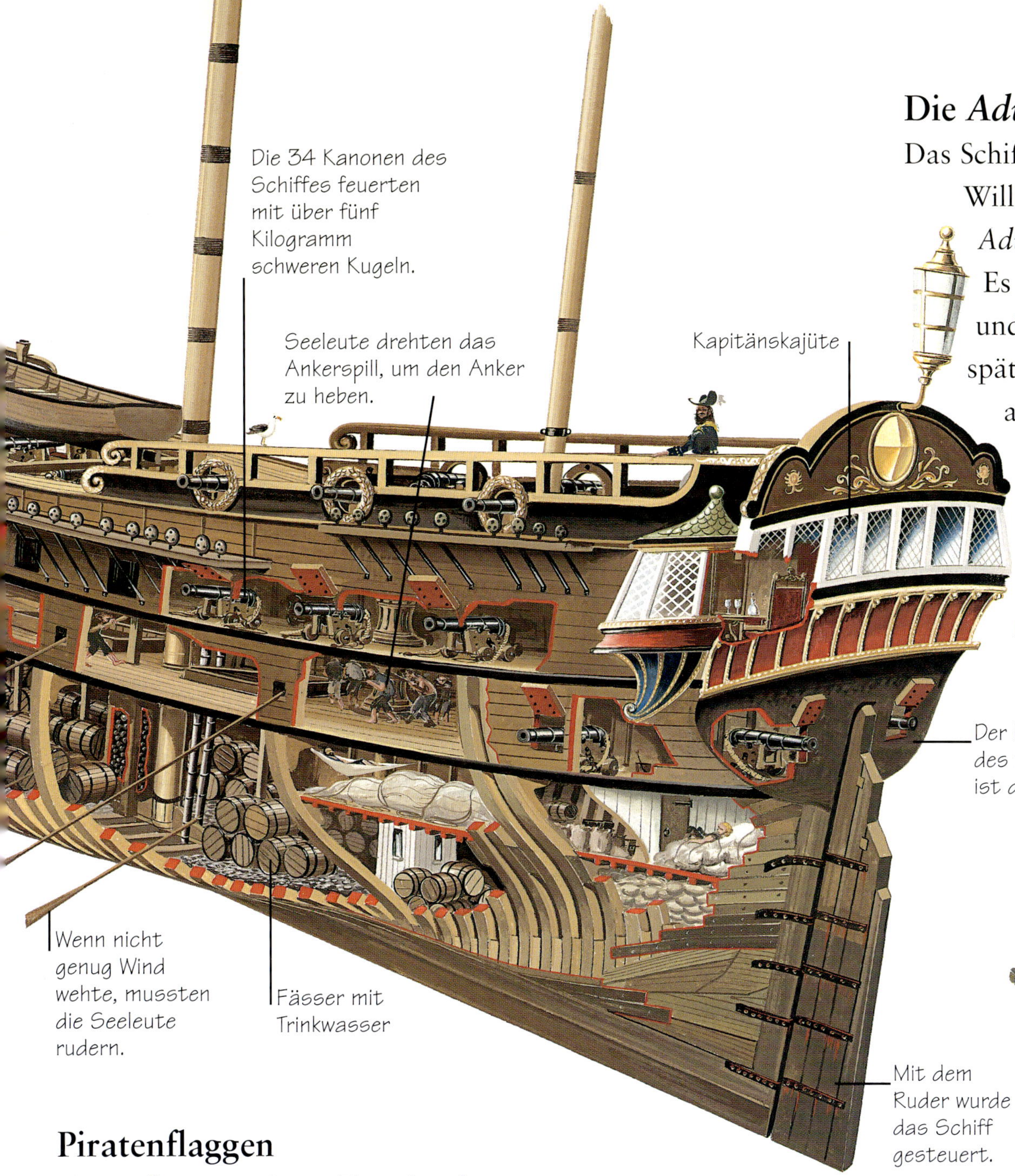

Der Anker des Schiffes wog fast 1.400 Kilogramm.

Piratenflaggen

Piratenflaggen zeigten Totenköpfe, gekreuzte Knochen, Säbel oder blutende Herzen. Mit seiner Flagge wollte ein Piratenkapitän Feinden einen möglichst großen Schrecken einjagen.

Christopher Condent

Alle Mann an Bord!

Das Leben an Bord eines Piratenschiffes war hart und unbequem. Wenn die See ruhig war und das Schiff nicht vorankam, schlugen die Seeräuber ihre Zeit mit Rumtrinken und Glücksspiel tot. Meist waren sie betrunken, und es kam oft zu Raufereien. Es gab keine Medikamente, und auf den meisten Schiffen war auch kein Arzt an Bord. Kranke oder im Kampf verletzte Piraten starben meist.

Der richtige Kurs

Es ist schwierig, sich auf See zu orientieren. Zum Navigieren benutzen Piraten die gleichen Instrumente und Hilfsmittel wie alle Seeleute. Meist stahlen sie Kompasse, Seekarten und Fernrohre von anderen Schiffen.

Essen an Bord

Nahrungsmittel ließen sich an Bord nicht lange frisch halten. Fleisch konnte mit Salz haltbar gemacht werden. Als Hauptnahrung aßen Seeräuber Schiffszwieback, der steinhart und oft voller Maden war. Wenn sie nichts mehr zu essen hatten, fingen sie die Schiffsratten.

Ein Pirat klettert in die Takelage, um die Segel auszubessern.

Hühner an Bord legten Eier und lieferten Frischfleisch.

Manchmal fingen die Seeräuber Fische und aßen sie.

Jeder Seemann musste sich im Knotenmachen auskennen.

Mörderische Waffen

Piraten raubten und töteten auf See, und dafür brauchten sie Waffen. Kanonen und Schwerter waren für sie so kostbar wie ein Schatz. Die Seeräuber sorgten dafür, dass ihre Waffen immer sauber und gebrauchsfähig waren. Im Kampf hing ihr Leben davon ab. Die berühmteste Piratenwaffe war der Entersäbel, ein kurzes, messerscharfes Schwert.

Kanonenfeuer

Ab dem 16. Jahrhundert schossen Piratenschiffe mit Kanonen auf feindliche Schiffe. Nicht selten kam es beim Laden des Pulvers zu tödlichen Unfällen.

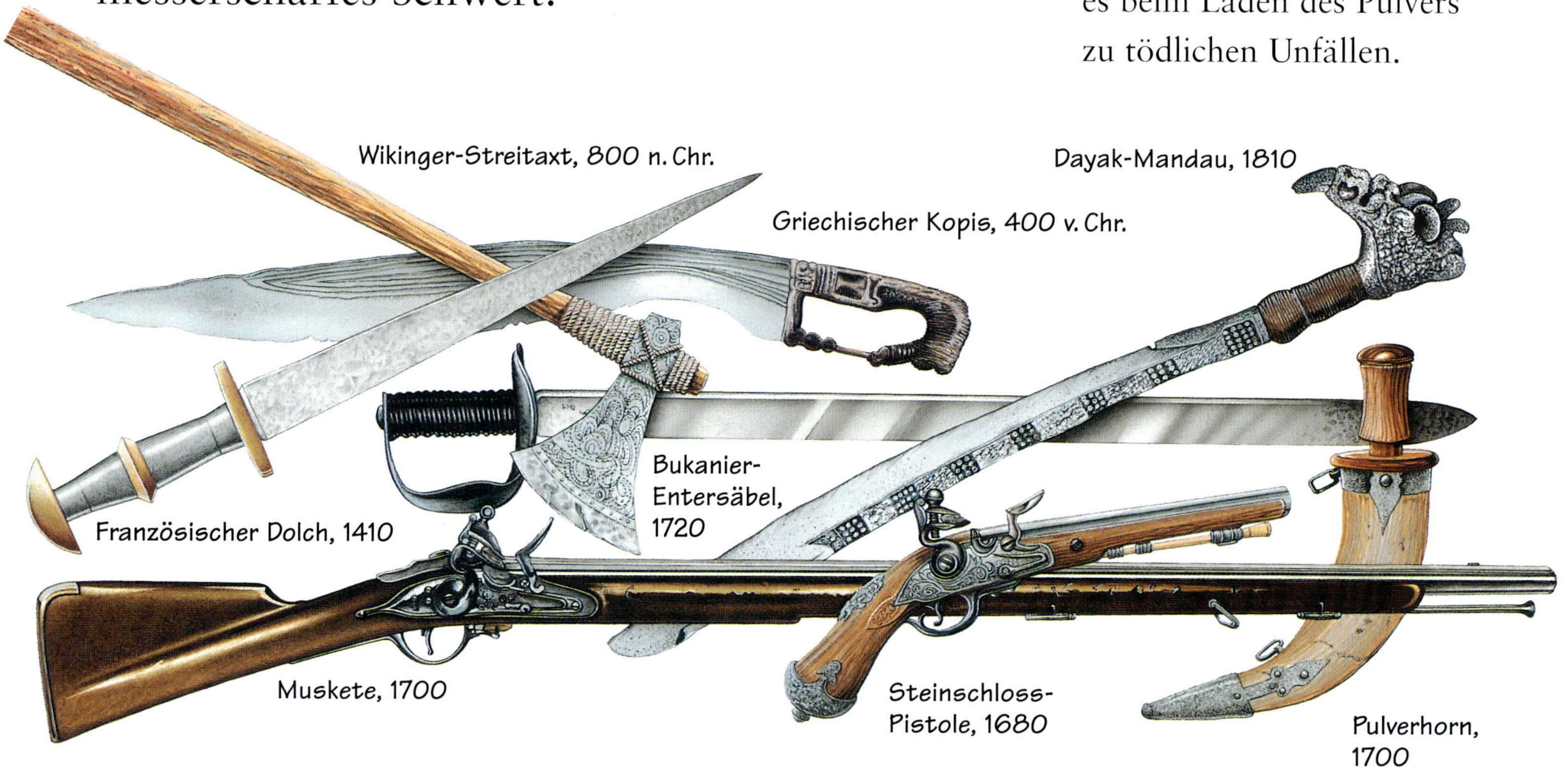

Piratenwaffen

Piraten kämpften mit vielen Waffen. Die Wikinger hatten Streitäxte, die Griechen bevorzugten ein kurzes Schwert, den Kopis. Die Dayaks auf Borneo schwangen lange Schwerter, die „Mandaus“. Die Bukanier waren mit Entersäbeln, Pistolen und Musketen bewaffnet. Pistolen, Säbel und Dolche waren an Bord am handlichsten.

Nahkampf an Bord

Wenn Seeräuber ein Schiff enterten, sprangen sie an Bord und kämpften an Deck Mann gegen Mann. Gewannen die Piraten, raubten sie alles, was sie an Bord fanden und nahmen manchmal auch das Schiff als Beute.

Die Barbaresken

Vor fünfhundert Jahren hieß die Küste Nordafrikas noch Barbarenküste. Die Piraten aus dieser Gegend waren Muslime und wurden von den Europäern „Barbaren-Korsaren“ oder „Barbaresken“ genannt. Sie überfielen viele christliche Schiffe im Mittelmeerraum und verkauften die Christen als Sklaven. Wichtige Gefangene wurden gegen Lösegeld freigelassen. Die Barbaresken ließen ihre Galeeren von Christensklaven rudern.

Die Brüder Barbarossa
Die beiden berühmtesten Korsaren waren die Brüder Arudsch und Cheireddin. Wegen ihrer roten Bärte trugen sie den Beinamen „Barbarossa“ (Rotbart). 1504 raubte Arudsch zwei Schatzschiffe, die dem Papst gehörten.

Arudsch Barbarossa beim Öffnen einer Schatztruhe an Bord des päpstlichen Schiffes

Abtrünnige

Manche Christen wandten sich von ihrem Glauben ab und wurden Muslime, wenn die Korsaren sie gefangennahmen. So entgingen sie der Sklaverei. Der Engländer Sir Francis Verney und der Holländer Simon Danziger wurden sogar selbst Barbaresken.

Sir Francis Verney

Sklavenmarkt

Christen-Piraten verkauften Muslime als Sklaven, so wie es die Barbaren-Korsaren mit Christen taten. Einer der größten Sklavenmärkte Europas lag auf der Insel Malta im Mittelmeer.

Spanisch-Amerika

Nach der Entdeckung Amerikas 1492 segelten viele Spanier nach Spanisch-Amerika. So nannte man die von den Spaniern eroberten Inseln der Karibik und die Nordostküste Südamerikas. Die Spanier plünderten die Gold- und Silberschätze der Azteken in Mexiko. Die Schätze wurden auf Galeonen nach Spanien gebracht. Piraten und Freibeuter überfielen diese Schiffe auf der Fahrt in die Heimat.

Der Pirat der Königin

Sir Francis Drake war ein englischer Entdecker und Freibeuter. Er griff spanische Schiffe an und raubte sie aus, als England gegen Spanien Krieg führte. 1581 wurde er von Englands Königin Elisabeth I. zum Ritter geschlagen.

Jean Fleurys Beute

Drei mit Gold und anderen Schätzen beladene Galeonen aus Spanisch-Amerika wurden 1523 von dem französischen Freibeuter Jean Fleury angegriffen. Zwei der Schiffe brachte er in seine Gewalt, eines konnte entkommen.

Galeonen lagen hoch im Wasser, sodass sie leichter zu be- und entladen waren als andere Schiffe.

Der Aussichtskorb in halber Höhe des Hauptmastes heißt „Krähennest“.

Zur Abschreckung seiner Feinde trug Schwarzbart brennende Lunten in seinem Haar.

Piraterie in der Karibik

Die Karibik zog viele Piraten an, die hofften, spanische Schatzschiffe ausrauben zu können. Die Seeräuber, die auf der Insel Hispaniola lebten, hießen Bukanier. Ihr Name leitete sich von dem Räucherrost, dem „Boukan“, ab, auf dem sie Fleisch haltbar machten. Die Bukanier begannen um 1630 mit ihren Angriffen auf spanische Schiffe.

Schwarzbart starb 1718, nachdem er 20 Mal mit Entersäbeln verwundet und von 5 Pistolenkugeln getroffen worden war.

Morgans Piratenzüge

Einer der bekanntesten Bukanier war Henry Morgan. Er überfiel spanische Hafenstädte in den 1660er- und 1670er-Jahren und wurde reich. Der englische König ernannte ihn zum Gouverneur von Jamaika.

Schwarzbart

Der berühmteste Pirat war Schwarzbart, benannt nach seinem zu Zöpfen gezwirbelten Bart. Er überfiel Schiffe und Häfen an der Ostküste Amerikas und war selbst bei seiner eigenen Mannschaft gefürchtet.

Afrikanische Küsten

Piraten aus Europa und Amerika segelten auf der Suche nach Gold, Elfenbein und Sklaven nach Afrika. An der Küste von Guinea kauften sie Sklaven, um sie in Amerika wieder zu verkaufen. Sklaven waren eine kostbare Fracht, wurden aber wie Tiere behandelt. Auch die Insel Madagaskar war bei Seeräubern beliebt. Viele lebten hier zwischen 1690 und 1723.

Piraten entfernen Seepocken und Algen vom Rumpf eines Schiffes.

Kielholen

Madagaskar war für Piraten ein sicherer Schlupfwinkel. Hier konnten sie in Ruhe ihre Schiffe reinigen und reparieren. Beim Kielholen wurde das Schiff soweit geneigt, dass der Rumpf aus dem Wasser kam und geschrubbt werden konnte. So wurde das Schiff schneller.

Interceptor

Black Pearl

Bartholomew Roberts

Einer der erfolgreichsten Piraten aller Zeiten war Bartholomew Roberts. Er war grausam und wurde reich durch den skrupellosen Handel mit Sklaven. Als er 1722 getötet wurde, hatte er vor den Küsten Afrikas und der Karibik über 400 Schiffe aufgebracht oder versenkt.

Roberts trug ein Kreuz aus Diamanten, das er dem König von Portugal gestohlen haben soll.

Ostasien

Jahrhundertelang hatten Seeräuber Schiffe und Häfen in den Meeren Chinas angegriffen. Chinesische Piratenkapitäne befehligten große Dschunkenflotten. Im 17. Jahrhundert unterstanden Tscheng-Tschi-Ling mehr als 1000 Dschunken. Dayak-Piraten von Borneo überfielen Schiffe in der Straße von Malakka, bis die britische Marine sie in den 1840er-Jahren unschädlich machte. Piraten machten auch die Gewässer um die Philippinen unsicher.

Piratenflotten zerstört
1849 zerstörte die britische Marine eine große Dschunkenflotte, die den Piratenführern Shap-n-tsai und Cui Apu gehörte. So mächtig wurden Chinas Piraten nie wieder.

Madame Tsching

Als der Piratenführer Tsching Jih 1807 starb, übernahm seine Witwe den Befehl über seine Flotte. Schon bald standen 1800 Dschunken und Boote sowie 80 000 Seeräuber unter ihrem Kommando. 1810 wurde sie gefangen genommen, kaufte sich aber frei und wurde Schmugglerin.

Madame Tsching und ihre Piraten beim Angriff auf andere chinesische Dschunken

Frauen als Piraten

Frauen waren auf Piratenschiffen nicht geduldet, aber dennoch schafften es einige, Piratinnen zu werden. Sie mussten sich wie Männer kleiden und wie Männer kämpfen. Manche Piratinnen waren sogar tapferer und stärker als die Männer an Bord. Einige wenige, wie zum Beispiel Madame Tsching, wurden sehr mächtig.

Die Piratenprinzessin
Alwilda war eine schwedische Prinzessin, die vor über 1200 Jahren lebte. Ihr Vater wollte sie zur Heirat mit einem Prinzen zwingen. Da sie den von ihrem Vater Auserwählten nicht mochte, wurde sie Piratin.

Anne Bonny stammte aus Irland und war mit einem Seemann verheiratet, bevor sie Piratin wurde.

Eine irische Piratin

Grace O'Malley war eine irische Adlige, die im 16. Jahrhundert eine Piratenflotte befehligte. Ihre Piraten griffen Schiffe auf dem Atlantischen Ozean an. Anders als die meisten Seeräuber wurde sie sehr alt. Sie starb 1603 im Alter von 73 Jahren.

Grace O'Malley lebte an der Westküste Irlands.

Calico Jacks Frauen

Anne Bonny und Mary Read waren an Bord von John „Calico Jack" Rackhams Schiff. 1720 brachte die britische Marine das Schiff auf, und alle Männer wurden hingerichtet. Die beiden Frauen entgingen dem Schicksal, weil sie vorgaben, schwanger zu sein.

Mary Read diente als Mann verkleidet in der britischen Marine, bevor sie an Bord von Rackhams Schiff ging.

Vergrabene Schätze

Es gibt viele Geschichten über Seeräuber, die einen Schatz vergraben haben, aber ob sie wahr sind, weiß niemand. Grace O’Malley soll viele Tonnen Gold und Edelsteine vergraben haben. Kapitän Kidd vergrub seinen Schatz auf Gardiner’s Island bei New York. Die meisten Piraten gaben ihr Geld bedenkenlos aus oder verloren es beim Glücksspiel. Piraten raubten nicht nur Schätze, sondern auch Fracht, die sie verkaufen konnten.

Henry Avery

1695 brachte Henry Avery mit seinen Piraten ein Schatzschiff auf, das dem indischen Kaiser gehörte. Avery wurde reich, verlor aber später all sein Geld und starb als armer Mann.

Kapitän Kidd vergrub seinen Schatz auf Gardiner’s Island.

Kidd als Pirat

Kapitän Kidd segelte in den Indischen Ozean, um Henry Avery zu ergreifen, betätigte sich dann aber selbst als Pirat. Kidd wurde gestellt und sein Schatz ausgegraben. 1701 wurde Kidd in London gehängt.

Seeräuber verlangten Lösegeld, wenn ihre Gefangenen reich waren.

Auf muslimischen Schiffen wurden oft kostbare Juwelen erbeutet.

Achterstücke und Gold-Dublonen

Achterstücke

Spanische Schatzschiffe waren mit Kisten voller Münzen beladen, und auf diese Fracht hatten es die Piraten vor allem abgesehen. Achterstück hieß eine wertvolle Silbermünze. Dublonen waren Goldstücke und sogar noch kostbarer.

Piraten stahlen alles, was sie verkaufen konnten.

Spielregeln

Die meisten Piratenkapitäne zwangen die Seeräuber auf ihren Schiffen, nach bestimmten Regeln zu leben. Diese waren streng, aber auch fair. Es war genau festgelegt, wie die Beute aufgeteilt werden sollte oder wie ein Vergehen bestraft wurde. Auf die schlimmsten Verbrechen stand die Todesstrafe. Die Schuldigen wurden über Bord geworfen, sodass sie ertranken oder von Haien gefressen wurden.

Die Verteilung der Beute
Erbeutete Schätze und gestohlene Waren wurden unter der Mannschaft eines Piratenschiffes aufgeteilt. Der Kapitän und andere wichtige Besatzungsmitglieder erhielten meist einen größeren Anteil als die Mannschaft.

Ausgesetzt
Ein Pirat, der vom Besitz der Mannschaft etwas stahl, wurde auf einer einsamen Insel ausgesetzt. Man ließ ihm nur eine Pistole, etwas Schießpulver und ein wenig Trinkwasser.

Der ausgesetzte Pirat verliert alle Hoffnung, als sein Schiff davonsegelt.

Das Trinkwasser des Piraten reichte für zwei bis drei Tage.

Piraten heute

Zwar gibt es heute nicht mehr so viele Piraten wie im 18. Jahrhundert, aber gerade in neuerer Zeit sind Piratenüberfälle wieder häufiger geworden. Moderne Piraten greifen Schiffe im Indischen Ozean und im Südchinesischen Meer an. Sie rauben Luxusjachten in der Karibik und im Mittelmeer aus. 1998 wurde ein Supertanker von chinesischen Piraten überfallen und erst nach zwei Wochen wiedergefunden.

Piraten beim Angriff auf ein Containerschiff

Nachtangriff

Moderne Seeräuber setzen Schnellboote ein und sind mit Messern und Maschinengewehren bewaffnet. Meist greifen sie kleinere Containerschiffe an, stehlen möglichst viel von der Fracht, aber auch Wertsachen aus dem Safe des Kapitäns.

Glossar

aufbringen Ein Schiff auf hoher See mit Gewalt dem Eigentümer wegnehmen.

Beute Alles, was gestohlen wird, wie zum Beispiel Gold und Juwelen oder Waren.

Dschunke Ein chinesisches Segelschiff.

Elfenbein Die Stoßzähne des Elefanten bestehen aus Elfenbein. Elefanten dürfen nicht wegen ihrer Stoßzähne getötet werden.

entern Ein feindliches Schiff von einem anderen Schiff aus gewaltsam erobern.

Entersäbel Ein kurzes Schwert. Entersäbel waren die bevorzugte Waffe der Bukanier.

Flotte Mehrere Schiffe, die unter dem Befehl einer Person stehen.

Fracht Alles an Bord eines Schiffes, das am Zielort verkauft werden soll.

Galeere Ein Schiff, das mit Riemen und Segeln angetrieben wird.

Galeone Ein großes Segelschiff mit drei oder vier Masten.

Geisel Jemand, der von Piraten oder anderen Verbrechern gefangen genommen wird. Oft wird die Geisel gegen Zahlung eines Lösegeldes freigelassen.

Glücksspiel Spiele, wie Karten- und Würfelspiele, bei denen um Geld gespielt wird und das Glück entscheidet.

Kompass Ein Instrument zur Anzeige der Nord-Süd-Richtung.

Lösegeld Geld, das Piraten und andere Verbrecher für die Freilassung eines Gefangenen oder einer Geisel verlangen.

Muskete Eine alte Handfeuerwaffe mit einem langen Rohr.

Muslim Ein Anhänger der Religion des Islam.

navigieren Den Weg des Schiffes auf See bestimmen.

Pulverhorn Behälter, in dem Schießpulver aufbewahrt wurde.

Riemen Seemännischer Ausdruck für Ruder.

Schießpulver Ein explosiver Stoff zum Schießen mit Handfeuerwaffen und Kanonen.

Schmuggler Jemand, der Waren in ein Land bringt, ohne Zoll oder andere Steuern und Abgaben zu bezahlen. Schmuggel ist gesetzlich verboten.

Sklave Ein Mensch, der gefangen genommen und verkauft wird, damit er für andere arbeitet. Heute ist die Sklaverei gesetzlich verboten.

Takelage Masten und Segel eines Schiffes.

Index